Andreas Kleinschmidt – Unendlicher, blauer Friede

Andreas Kleinschmidt

Unendlicher, blauer Friede

Meditative Impressionen

einer schönen und bedrohten Schöpfung

Bibliografische Information der Deutschen Nationalbibliothek: Die Deutsche Nationalbibliothek verzeichnet diese Publikation in der Deutschen Nationalbibliografie, detaillierte bibliografische Daten sind im Internet über dnb.dnb.de abrufbar

Twentysix

Eine Marke der Books on Demand GmbH

© 2022 Andreas Kleinschmidt

Herstellung und Verlag: BoD – Books on Demand, Norderstedt

ISBN: 9783740787653

Gott sah an alles, was er gemacht hatte und siehe, es war sehr gut. 1. Mose 1,31a.

Auch die Schöpfung wird frei werden von der Knechtschaft der Vergänglichkeit zur herrlichen Freiheit der Kinder Gottes. Römer 8,21.

Zwischen diesen beiden Polen leben wir Menschen, diese Spannung müssen wir aushalten: Die Natur zwischen Bestand, Frieden und Schönheit – und Vergehen, Unfrieden und Zerstörung.

Aus der Zukunft Gottes, von der neuen Erde und dem neuen Himmel, für dessen „herrliche Freiheit" die weite Bläue des irdischen Himmels und vieles andere zum Bild werden kann, strömt uns Menschen dabei jetzt schon ein „unendlicher blauer Friede" ins Herz, wenn wir die Schöpfung in der Stille zu uns sprechen lassen – gerade trotz und angesichts von Pandemien und Umweltkatastrophen, damit diese uns nicht den Blick verstellen auf alles in seiner Schöpfung, durch das Gott uns gerade in schweren Zeiten seine heilenden Kräfte zufließen lassen will.

Dazu wollen diese Impressionen und Meditationen einladen.

****

Unendlicher blauer Friede

Wolken stehen

im weiten Blau des Himmels,

und es ruht die Zeit,

Gräser wispern leise

wie Nerven, die zittern

und sich beruhigen,

die Seele atmet

blauen Frieden

und ist erlöst,

denn Ruhe und Frieden

hat nun alle Welt

und jubelt fröhlich. Jes. 14,7

****

Ewiger Frühling

Die frischen, zarten Farben des Frühlings

bringen dem Sehen ein vergnügliches Geschenk,

eine Welt, die gerade erst geboren ist,

die sich im milden, bunten Leuchten

zaghaft und schüchtern im Werden erprobt,

um sich vielleicht doch lieber zurückzunehmen,

und wir wünschen, es bliebe immer so:

Das Junge wird nie alt, das Lebendige stirbt nie.

Die weichen grünen, gelben, rötlichen Töne

der Blätter, Gräser, Büsche und Blumen

erfreuen uns wie reine, fröhliche Klänge,

und unsere himmlische Sehnsucht wünscht sich,

der Frühling möge nicht der Beginn des Sterbens,

sondern des neuen, ewigen Lebens sein.

Er hat mir ein neues Lied in meinen Mund

gegeben zu loben unsern Gott, Ps. 40,4

****

Weiße Klarheit

Der Schnee hat sich wie ein weißes Leinen

über Wiesen, Felder und Dächer gelegt;

aber es nicht das Leintuch des Todes,

sondern eines Lebens in Reinheit und Klarheit.

Das Braun der entlaubten Zweige

leuchtet warm im Wintersonnenlicht,

Rauch kräuselt sich zaghaft aus den Kaminen,

Stadt und Land sind erfüllt von heiliger Stille.

Die Häuser und Bäume werfen Schatten

auf das strahlende Weiß des Schnees,

das Blau zwischen den Wolken

öffnet dieser reinen Welt den Himmel.

Wer überwindet,

der soll mit weißen Kleidern angetan werden,

und ich werde seinen Namen nicht austilgen

aus dem Buch des Lebens. Offb. 3,5a

****

Ein lieblicher Morgen

Heute Morgen frühstückte ich in unserem Garten, was ich dabei erlebte, war ein Licht- und Farbenspiel lieblichster Art, ich ging danach ganz vergnügt in den Tag, in meiner Seele war alles hell, leicht und beschwingt.

Zunächst waren zaghaft die ersten Sonnenstrahlen durch das grüne Blattwerk über mir geblitzt, hatten mit der braunen Erde, dem Holz der Stühle und Bänke zu spielen begonnen und so zum Leben erweckt.

Die stumpfe Teekanne bekam plötzlich Glanz, das Grau des Tischtuches löste sich auf in strahlend weiße, violette und rötliche Töne, die Farben und Lichter um mich her verzauberten mich.

Der Gerechten Pfad glänzt wie das Licht am Morgen, das immer heller leuchtet bis zum vollen Tag. Sprüche 4,18

****

Mittagszeit im Frühling

Es gibt ein solch friedliches, inniges Leuchten,

wenn die Sonne des Morgens Zeit genug hatte,

in die Welt einzudringen.

Dann fühlen sich am Mittag

Gräser, Büsche, Zweige und Blätter

von Sonnenstrahlen wohlig erwärmt.

Das traurige, stumpfe Grau der Rinden

verwandelt sich in ein helles, fröhliches Grün,

das Schwarz des Erdbodens in lebendiges Braun.

Die Bläue des Himmels weitet Menschenherzen,

sehnsüchtig halten sie ihr Gesicht in die Sonne,

schließen die Augen und finden Frieden.

Die Gott liebhaben,

sollen sein, wie die Sonne aufgeht

in ihrer Pracht! Richter 5,31b

****

Winterliches Weißbraun

Das kalte Weiß des Schnees auf Waldwegen

weckt beim Wanderer, der heimkehrt,

die Sehnsucht nach der warmen Stube.

Sieht er zwischen dem weiß-bläulichen Schnee

die braunen Blätter auf dem Erdboden,

ahnt er den nahenden Frühling.

Das Weißbraun auf dem winterlichen Heimweg

zeigt dem Wanderer beides:

Die Kälte der Ichsucht und die Wärme der Liebe.

****

Am späten Nachmittag

Kurz vor ihrem Untergang

taucht die Sonne

die Welt in ihr letztes Licht.

Am Horizont malt sie

unter den dunkeln Abendhimmel

einen Silberstreifen.

Bald muss sie das dunkel-blaue Meer,

das der Wind kräuselt,

dem Abendhimmel überlassen.

In diesem ihrem letzten Augenblick

gibt die Sonne allen Dingen

in intensiven Farben ein magisches Sein.

Blüten prahlen in ihrem Rot,

Schatten werden bedrohlich lang und schwarz,

und die Haut friert im Abendwind.

****

Goldener Nachmittag

Die Welt hat sich satt getrunken am Sonnenlicht,

jetzt leuchten Häuser, Wege, Bäume und Büsche

im letzten goldenen Schein des Tages.

Das Land glüht voll Wärme und Licht,

es ruht genussvoll und still

im zufriedenen Glück.

Nach den Mühen und Sorgen des Tages

zieht langsam der Abendfrieden ein

in die Herzen der Menschen.

****

Lasst uns hören jenes Lied

Schläft ein Lied in allen Dingen,

haben wir es überhört?

Wollten wir Natur bezwingen,

haben sie dabei zerstört?

Dass sie aller Menschen Mutter sei,

wollte leise sie uns sagen.

Wir übertönten sie mit Kriegsgeschrei,

als gälte es den Feind zu schlagen.

Lasst uns wieder leiser werden,

lasst uns hören jenes Lied,

gibt`s noch Schöneres auf Erden

als der Dinge Lebens Lied. (Erste Zeile nach Eichendorf)

****

Wird die Natur aus dem Rhythmus gebracht

Wird die Natur aus dem Rhythmus gebracht,

dem Rhythmus von Saat und Ernte, Tag und Nacht,

von Frost und Hitze, Sommer und Winter? Zerfällt sie,

die Erhaltungsordnung aller Dinge, ihre Sinfonie?

An der kosmischen Harmonie,

an der Schönheit der Schöpfungsmelodie

sollte teilhaben das menschliche Leben,

so wurde auch ihm Bestand gegeben.

Hat des Menschen Schuld die Natur zerstört?

Vergaß er, dass sie dem Schöpfer gehört?

Zuletzt steht ihr Schicksal allein in dessen Macht,

der in seiner Liebe sie einst hat hervorgebracht.

Vor seinem großen, weißen Thron

wird einmal verstummen jeder falsche Ton,

und es wird vergehen die erste Erde,

damit eine neue Schöpfung werde. Offb 20,11

****

Frühherbst

Blumen und Sträucher nehmen sich zurück,

sehnsüchtig träumen sie von neuem Glück.

Sie verlieren ihr Leuchten und ihre Kraft

und wirken traurig, verloren und maskenhaft.

Wie Menschen spüren sie einen kühlen Hauch,

und ihr Sterben ahnen sie auch.

Sie wünschen sich einen himmlischen Wind,

der ihnen ein neues, ewiges Leben bringt.

Die Masken verbergen den irdischen Tod,

hinter ihm leuchtet himmlisches Morgenrot.

*Die Schöpfung ist ja unterworfen der
Vergänglichkeit...doch auf Hoffnung;*

denn auch die Schöpfung wird frei werden

von der Knechtschaft der Vergänglichkeit

zu der herrlichen Freiheit

der Kinder Gottes. Röm. 8,19.20a.c.21

****

Diese stillen, leuchtenden Nachmittage

Da waren diese stillen Nachmittage,

ihm schien, die Zeit sei stehen geblieben,

im milden Licht letzter Sommersonnentage

war alles um und in ihm Leuchten und Lieben.

Und ein einziger dieser Nachmittage

war ihm wie die Summe aller seiner Tage,

die gewesen, und die noch kamen,

und sie waren voller himmlischer Samen.

Ihre stille Liebe war noch voll von Traurigkeit,

aber einmal würde aus seiner Einsamkeit

Freude entspringen und Unvergänglichkeit,

denn ihr Leuchten war das Licht der Ewigkeit.

****

Mutter Erde

Wenn die Natur uns geboren,

wie können wir Menschen uns gegen sie stellen?

Wenn wir uns der Natur entfremden,

wie können wir Menschen uns selber finden?

Wenn wir sie nur technisch beherrschen,

wie können wir ihr nahe und sympathisch sein?

Wenn unseren Mutterschoß wir verachten,

wo sollen wir Menschen uns bergen?

Wenn die Quelle des Lebens wir zerstören,

wie können wir Menschen überleben?

****

Die blaue Blume

Die Romantiker wähnten sie in der Ferne,

sie zu suchen war ihr Begehr.

Die blaue Blume schauten sie gerne,

Sehnsucht erfüllte sie mehr und mehr.

Ob wir sie nicht längst verloren?

Die Blume, die blau für uns blühte –

einst zum Ziel der Sehnsucht erkoren –

unter den Händen uns verglühte.

Wir ahnen, was mit ihr geschah:

In unserem blinden Streben

kamen wir ihr zu nah.

Wirst, blaue Blume, du überleben?

****

In deinem Blick

Gräser, Lachen, Schweben

und Augen voller Glück;

die Erde und den Himmel

fand ich in deinem Blick.

Wir atmeten gemeinsam,

da war nicht mehr ich oder du;

der eine verlor sich im andern,

fand sich und Ewiges dazu.

****

Die Frage

Kalt wirft die Sonne ihr rötliches Licht

durch milchig-trübes Gewölk;

gewaltig und drohend steigt der Wald

zur Höhe auf – und fällt.

Schnee schimmert zwischen den Bäumen,

kältet und weißt das tote Braun.

Düster schweigen die schwarzen Tannen.

Nackte Klarheit steht in kristallklarer Luft.

Suchen nach Leben im reglosen Rund;

trostloses Frieren im einsamen Stehen,

das Blut erstarrt und gefriert.

Eisige Kälte tötet leise.

Die Natur, wird sie – noch einmal –

zu leben beginnen?

****

Die Lichtung

Für einige Tage fliehen wir die Stadt,

kehren dem Asphaltgrau ihrer Straßen,

ihrem Lärm und ihrer Hektik den Rücken zu

und suchen Frieden in der Natur

Das Aprilwetter wechselt

von einer Stunde zur anderen.

Unterwegs machen wir Rast

in einem kleinen Dorfcafe.

Draußen wird das Pflaster nass,

drinnen sitzt man recht gemütlich,

und ich nehme dankbar deine Hand,

halte fest sie in der meinen.

Du hebst dein Gesicht zu mir auf,

siehst mich zärtlich fragend an,

und ich weiß: Nie mehr

werde ich allein sein.

In einem kleinen Ort

finden wir Unterkunft.

Der Himmel ist mit Wolken verhangen,

es regnet und stürmt.

Doch am nächsten Morgen

bricht die Aprilsonne

durch den verhangenen Himmel.

Wir gehen hinaus.

Der feuchte Waldboden dampft,

und auf den Wiesen

glitzern unzählige Tautropfen.

Wir entdecken eine Bank.

Die Sonne wärmt unsere Rücken,

tief atmen wir die würzige Luft.

Sie ist voll vom süßen Duft

der ersten Blüten und Knospen.

Im leichten Wind

wiegen sich die Gräser.

Ein Marienkäfer krabbelt emsig

einen Halm hinauf.

Da fällt er plötzlich

ins Gras hinunter

und ist entschwunden

unseren Blicken.

Es tut gut, einmal ganz leise,

nur Auge und Ohr zu sein.

Schweigend gehen wir weiter,

folgen dem unbekannten Weg,

Auf einmal weitet er sich

zu einer Lichtung. Überrascht, ja,

überwältigt sind wir von dem Anblick,

der sich uns bietet:

Verträumt und in erhabener Stille

liegt sie dort vor uns, die Lichtung,

versteckt zwischen Bäumen. Es ist,

als sei sie für uns gemacht.

Die weißen Stämme neigen sich vornehm

im weiten, heiligen Rund,

gekrönt vom sanften Grün

sich wiegender Zweige.

Die Sonne spielt

mit den Schatten

und kämpft

mit dem Dunkel am Waldesrand.

Hier das sorglose,

verspielte Grün der Wiese;

dort das strenge,

dunkle Grün der Tannen.

Über dem weiten, schwingenden Rund

zwitschert und trällert es.

Klare Bläue gründet

das Weiß der Wolken.

In strahlender Helligkeit

türmen die Wolken sich auf

und ziehen die Seele mit sich

ins weite Unendliche.

Staunend schreiten wir

über die Lichtung.

Der Boden unter unseren Füßen

ist weich.

Wie in einem Traum

gehen wir langsam

über die Wiese,

die sich zum Tal hin neigt.

Silbrig - schimmernd

im Glanz der Sonne

erstreckt es sich vor uns

dort in der Ferne.

Wenn Lärm, Hektik und grauer Asphalt,

wenn dunkle Straßenschluchten

uns wieder in die Enge treiben,

die Lichtung wird bleiben – in uns.

Jesus Christus spricht:

Ich bin in die Welt gekommen

als ein Licht, damit, wer an mich glaubt,

nicht in der Finsternis bleibe, Joh. 12,46